AF259839

FERNANDO DE TALAVERA

ARCHEVÊQUE DE GRENADE

DE 1493 A 1507

POURSUIVI PAR L'INQUISITION.

ORLÉANS. — IMP. ERNEST COLAS.

FERNANDO DE TALAVERA

ARCHEVÊQUE DE GRENADE

DE 1493 A 1507

POURSUIVI PAR L'INQUISITION

PAR M. A. DU BOYS

Ancien Magistrat

MÉMOIRE

LU A L'ACADÉMIE DES SCIENCES MORALES ET POLITIQUES

PARIS

—

1867

EXTRAIT DU COMPTE-RENDU
De l'Académie des Sciences Morales et Politiques,
RÉDIGÉ PAR M. CHARLES VERGÉ,
Sous la direction de M. le Secrétaire perpétuel de l'Académie.

FERNANDO DE TALAVERA

ARCHEVÊQUE DE GRENADE

DE 1493 A 1507

POURSUIVI PAR L'INQUISITION.

---

§ 1er.

Fernand de Talavera était né vers 1427, dans la petite
ville de l'Estramadure dont il conserva le nom. Il avait du
sang juif dans les veines, mais il appartenait par son père à
une ancienne famille de vieux chrétiens. Son oncle, Frère
Alonzo de Oropesa, prieur des moines Saint-Jérôme, avait
eu sous Henri IV de Castille une haute réputation de vertu et
de sagesse. Le roi Henri, ayant eu une contestation avec des
seigneurs de son royaume, il fut convenu qu'on nommerait
de part et d'autre un égal nombre d'arbitres pour terminer le
différend ; ces arbitres ne purent s'entendre, et appelèrent
Oropesa pour décider la question et prononcer en dernier
ressort. Sa sentence fut exécutée avec un respect religieux.

A Ségovie, des moines de l'Observance avaient échauffé les
imaginations populaires contre les juifs et les nouveaux convertis. Tout se préparait pour un de ces massacres qui en-
traient, pour ainsi dire, dans les habitudes des Espagnols.
Oropesa osa accuser les religieux fanatiques d'imposture et
de calomnie ; il les confondit publiquement, et Ségovie
échappa à une de ces scènes de sang et de larmes si multipliées alors dans la péninsule.

Oropesa ne s'en tint pas là ; il employa sa plume à la défense de tous les malheureux opprimés sous prétexte de religion. On a conservé de lui un admirable Mémoire où il se plaint au nom de l'Évangile de ce que l'on méconnaissait les préceptes de l'égalité fraternelle entre ceux qui pratiquent la même foi, au point de séparer en deux catégories diverses les vieux et les nouveaux chrétiens, enfants également chers d'un Dieu qui admet les ouvriers de la onzième heure au même rang que ceux de la première. Au surplus, Oropesa ne faisait que défendre les maximes consacrées par l'Église. Tout récemment encore Nicolas V avait fait paraître deux bulles fameuses, où il menaçait de toute la rigueur des censures ecclésiastiques ceux qui excluraient les nouveaux convertis des charges publiques et continueraient de les tenir hors du droit commun (1).

Le jeune Fernand de Talavera entra dans l'ordre des Hyéronimites sous les auspices de son oncle ; il devint son élève favori, et se fit gloire de professer les mêmes principes de tolérance et de charité.

Talavera était de plus un moine austère pour lui-même ; il passait pour avoir une science profonde. Sa parole était pleine d'onction et d'entraînement.

Sa réputation devint telle qu'on le crut capable de remplir les fonctions les plus délicates du ministère ecclésiastique et de s'élever aux plus hautes. On le proposa comme confesseur à la reine Isabelle de Castille.

La première fois qu'il entendit la reine au tribunal de la pénitence, cette princesse s'étant mise à genoux, s'aperçut que Talavera continuait de rester assis devant sa souveraine. « Il est d'usage, lui dit-elle, que les prêtres qui confessent les rois s'agenouillent en même temps qu'eux pour entendre

(1) Mariana, *Historia Hispaniæ*, en latin, lib. XXII, cap. VIII.

l'aveu de leurs fautes. Non, répondit le moine, ceci est le tribunal de Dieu. Je le représente comme son ministre, et il convient que je garde mon siége pendant que ma pénitente est à genoux devant moi. » Loin de prendre ombrage de cette exigence contraire à la vieille étiquette espagnole, Isabelle s'y soumit avec une humilité toute chrétienne. Elle comprit admirablement que la maxime de l'égalité devant Dieu n'admettait pas d'exception, et que nul privilége, pas même celui de la couronne, ne devait dépasser le seuil du sanctuaire (1).

Talavera lui parut avoir maintenu noblement la dignité d'un ministre de Dieu, elle lui en sut un gré infini : « C'est bien là, disait-elle, le confesseur dont j'avais besoin. »

Sa confiance en lui devint telle qu'elle lui imposa la tâche difficile de réformer l'administration de sa maison royale.

Le Trésor royal était mis au pillage par les courtisans qui entouraient le trône. Talavera fit cesser ces dilapidations odieuses, qu'exerçaient principalement un petit nombre de grands seigneurs, déjà riches par leurs emplois et leur position territoriale (2).

La couronne lui dut ainsi une économie de trente millions de maravédis par an, les trois quarts de ce que la Castille rendait à Isabelle à l'époque de son avénement. En opérant cette réforme financière, il eut soin de ne rien retrancher

(1) Il est singulier que l'historien Prescott, démocrate américain, n'ait pas compris la leçon d'égalité donnée à une reine par le moine Talavera. Il qualifie d'*arrogante* la conduite qu'il tint dans cette circonstance, et semble fort étonné de la soumission de la reine. t. I, p. 198, London, 1854.

(2) Tels que le duc d'Albe, qui fut obligé d'abandonner 575,000 maravédis de revenus annuels; le duc de Medina-Sidonia 180,000; l'amiral Henriquez 240,000; etc. *Memorias de la Academia de hist.*, t. VI.

sur les allocations affectées aux fondations littéraires et aux établissements charitables.

Bientôt après, Talavera fut nommé évêque d'Avila. Peut-être cette nomination fut-elle due à la malveillance cachée de ses ennemis, qui voulaient l'éloigner de la cour, afin qu'il ne pût plus rester le confesseur ordinaire de la reine.

Il entretint cependant avec Isabelle une correspondance qui a été presque entièrement publiée, et qui est d'un grand intérêt à étudier pour ceux qui auraient à diriger la conscience d'une reine : l'historien Prescott reconnaît que le célèbre moine hiéronymite, soit dans cette correspondance, soit dans son administration épiscopale, montra beaucoup de savoir, d'aménité gracieuse, de piété sincère et sans tache ; mais ses lettres à la reine révèleraient, suivant lui, une bigoterie étroite, quoique tempérée par une grande bienveillance de caractère et se produisant sous la forme la plus douce (1).

Nous avons lu cette correspondance et nous ne saurions en porter le même jugement. Sans doute Talavera ne voit pas seulement la reine dans Isabelle, il voit aussi la femme privée et cherche à la guider dans la bonne voie par ses sages conseils. Il lui parle avec une haute sagesse des périls particuliers du monde pour une souveraine puissante et idolâtrée.

C'est à ce point de vue qu'il traite la question des danses, des compagnies dangereuses, et des ressentiments haineux contre lesquels doivent surtout se garder les cœurs des rois et des grands. Isabelle lui répondit des lettres pleines de la plus touchante confiance, où elle employait tour à tour avec la même élégance et la même facilité le latin et le Castillan.

Talavera lui écrivit un jour que les combats de taureaux

(1) *Vie d'Isabelle et de Ferdinand*, t. II, p. 88.

lui semblaient une imitation ou un reste des anciens combats du cirque, ce féroce divertissement du paganisme, que le peuple espagnol y puisait le goût du sang, et que la vie d'un chrétien, racheté par le sang d'un Dieu, avait trop de valeur pour être exposée comme un jouet à la fureur des animaux, dans le seul but de donner à quelques milliers de spectateurs de vaines et puériles émotions. — Isabelle lui répondit : je « reconnais la justesse de ce que vous me dites par rapport « aux combats de taureaux : j'ai pris la ferme résolution de « ne jamais y assister de ma vie, mais quant à les défendre, « je ne puis pas vous le promettre, parce que cela ne dépend « pas de moi seule, etc. (1). »

On peut voir maintenant si la dévotion de Talavera peut être taxée d'un étroit bigotisme, ou si elle n'était pas large comme son âme, ardente d'humanité et de charité comme l'esprit même de l'Evangile. Si ses aspirations généreuses avaient pu être réalisées, l'Espagne du xvi⁰ siècle aurait opéré une réforme civilisatrice qui ne s'accomplira peut-être pas encore dans le xix⁰. Quant à la reine Isabelle, elle fit tout ce que l'opinion ou plutôt tout ce que les passions de son temps et de son pays lui semblaient pouvoir supporter : elle crut devoir se contenter de protester par son absence contre des spectacles sanguinaires et implicitement réprouvés par le christianisme. Quoi qu'il en soit, l'éloignement de Talavera laissa le champ libre à d'autres influences que la sienne auprès de la reine Isabelle. Elle prit successivement pour confesseur Torquemada, qui fut le premier grand Inquisiteur, et Ximénès de Cisneros, qui devait un jour gouverner l'Espagne tout entière. C'est à cette époque que fut fondée en

______

(1) *Memorias de la Academia de historia*, t. VI, p. 376 392 et suiv.

Castille la nouvelle Inquisition, qui aurait été, sinon instituée, au moins dirigée dans un tout autre esprit, si cette grande affaire avait été confiée à l'évêque d'Avila.

Ce prélat, si humble, si mortifié, si austère, eut dans le cours de sa vie un singulier mouvement d'ambition pour le salut des âmes. Il désira quitter son siége épiscopal d'Avila pour évangéliser les Mores de Grenade que les rois catholiques venaient de soumettre à leurs armes. Il s'agissait d'une église à fonder sur une terre devenue étrangère à la foi chrétienne, de tout un peuple à convertir par la voie de la douceur et de la persuasion que le fanatisme espagnol de cette époque pouvait difficilement comprendre. Ce devait être un laborieux apostolat, compliqué de graves difficultés politiques. Il y avait là un exemple tout nouveau à donner à l'Espagne, enivrée de ses récentes victoires, et s'imaginant que la force pourrait suffire à tout, même à conquérir les consciences. Cette mission pénible, mais magnifique au point de vue religieux et national devait tenter une âme généreuse comme celle de Talavera. Il osa donc faire savoir à Isabelle qu'il accepterait avec joie le siége nouveau qui serait érigé à Grenade (1). La reine comprit l'apôtre : de telles ambitions étaient à la hauteur de son âme (2).

____

(1) C'est comme si un évêque de France faisait indirectement solliciter un évêché ou un archevêché dans le royaume de Siam ou en Australie.

(2) Les choses se seraient passées un peu autrement suivant Hefele, auteur d'une *Vie du cardinal Ximénès.* « Après la con-
« quête de Grenade, dit-il, Talavera, évêque d'Avila, conjura les
« deux souverains de lui permettre de renoncer à ses fonctions et
« de consacrer sa vie à la conversion des infidèles. Cette abnéga-
« tion décida la pieuse reine Isabelle à le proposer pour le siége

Elle pressa donc la création d'un siége archiépiscopal à Grenade, et dès que l'érection en eut été décrétée par la cour de Rome, elle proposa Talavera pour remplir ce siége. Le Pape ne fit nulle difficulté pour confirmer un pareil choix et il envoya le *pallium* à Talavera. Celui-ci s'estima bien heureux de changer contre son riche évêché un archevêché pauvre et dénué de tout. Isabelle, sachant que les revenus du nouvel archevêché étaient très-inférieurs à ceux dont il jouissait auparavant voulut combler ce déficit sur son trésor ; Talavera refusa toute espèce de dédommagements.

Ferdinand avait été d'une dureté révoltante pour les Mores de Malaga, ville qu'il avait prise de vive force. Mais Grenade avait obtenu de lui une capitulation honorable, il prétendait en observer scrupuleusement les conditions : à l'égard des Mores de ce royaume, son intention était de se conduire en vainqueur généreux.

L'une des premières clauses de la capitulation avait été que personne ne serait contraint de quitter sa religion pour embrasser le christianisme. La meilleure preuve du respect avec lequel les rois catholiques désiraient exécuter cette capitulation se tire du choix même des personnes à qui ils confièrent l'administration civile, militaire et ecclésiastique de Grenade. Le commandement militaire fut donné à D. Juigo Lopez de Mendoza, comte de Tendilla. Cet officier, d'un caractère élevé et chevaleresque, se déclara dès le principe le protecteur et le défenseur des Mores, et ce noble titre devint héréditaire dans sa famille. Fernand de Zafra,

« archiépiscopal de Grenade, etc. » (*Der cardinal Ximénès,* c. VIII, p. 53 ; Hefele s'est appuyé sur Marmol : *Historia del rebellion e castigo de los Morosquos.* J'ai suivi la version de Bermudez Pedrazza, *Hist. eccles. di Gran.,* lib. III, cap. **x.**

légiste et chevalier très-recommandable, qui avait rédigé les
árticles de la capitulation, fut nommé du conseil de Tendilla
et de Talavera ; il eut en même temps l'intendance civile de
Grenade et la police spéciale de *l'Alcaïceria* et du Zacatin,
quartiers habités par les Mores. Talavera gardait une haute
suprématie sur tous les juges et les magistrats civils.

« Les vertus de l'archevêque de Grenade conquirent bien
« vite les cœurs des Mores, dit un vieux chroniqueur
« espagnol : rien ne sonnait mieux à leurs oreilles que le
« nom de ce cher et vénéré prélat, le *saint Alfaqui* des *chré-*
« *tiens*, comme ils l'appelaient (1) : aussi un grand nombre
« d'entre eux en vinrent à se convertir avec une liberté et
« une spontanéité complètes, et avec un plus grand zèle
« que les autres, qui se firent baptiser depuis (2). »

Les chrétiens, accourus à la suite des armées victorieuses
pour peupler les quartiers abandonnés de Grenade étaient
presque tous des aventuriers sans foi, ni loi, qui donnèrent
peut-être autant de peine à Talavera et à son clergé que les
infidèles eux-mêmes ; il fallait pour réformer leurs mauvaises
mœurs beaucoup de zèle sacerdotal et un infatigable dévouement (3). Le saint Archevêque suffisait à ce double travail
apostolique et répondait ainsi admirablement à la confiance
de la grande reine Isabelle.

Cependant, il s'était réservé plus spécialement à lui-même
la mission de gagner les Mores à la foi chrétienne. Il leur
en développait les enseignements avec une onction si douce
et si suave que même les Imans et les Alfaques venaient

(1) Chef des imans ou docteur de la loi musulmane.

(2) Bermudez Pedrazza, *Hist. eccles. di Gran.*, t. CLXXX,
au verso.

(3) Bermudez Pedrazza, *Historia*, etc., fol. 180.

l'entendre en foule, sans avoir besoin d'y être provoqués en aucune manière. Pour être secondé dans son œuvre, il exigea que quelques-uns de ses clercs étudiassent la langue arabe : lui-même, malgré son âge avancé, voulut apprendre à la parler assez bien pour enseigner aux Mores les commandements de Dieu, ainsi que les principaux articles de la foi chrétienne, enfin pour faire à haute voix les prières usuelles, et entendre les confessions.

Et pourtant il se plaignait lui-même de la lenteur de ses progrès : « Je donnerais un œil de mon visage, s'écriait-il, « pour pouvoir enseigner clairement en arabe et prêcher « dans cette langue. » Mais le feu du cœur suppléait chez lui à l'imperfection de l'idiome : les Mores prétendaient avoir vu un globe de feu se poser sur sa tête pendant qu'il leur commentait l'évangile (1).

Les musulmans de Grenade se montraient eux-mêmes très-bienfaisants. Talavera, édifié par leur charité, disait quelquefois : « Il faudrait qu'ils prissent notre foi et que nous « fissions leurs œuvres. » Ses ennemis notaient ces paroles pour lui en faire plus tard un crime capital.

Mais lui-même aurait pu invoquer sa propre charité, qui était immense, comme une preuve de la supériorité de l'Evangile sur le Coran. Dans une année de disette, on le vit mettre deux fois à l'encan le mobilier de sa maison. Il se défit de son unique mule, honteux de la nourrir encore, lorsque tous les pauvres gens mouraient de faim. Enfin il vendit jusqu'à l'argenterie de sa chapelle. A ce sujet, il s'établit une singulière lutte entre lui et le comte de Tendilla. Le comte achète cette argenterie 20,000 maravédis et la fait rendre au digne archevêque. Talavera la fait remettre en

____

(1) Bermudez Pedrazza, *Historia* etc., fol. 187.

vente; Tendilla la rachète encore et la lui renvoie. Ce fut bientôt le bruit de toute la ville. Le dimanche suivant, l'archevêque monte en chaire et dit : « Le seigneur comte de « Tendilla pense-t-il qu'il me lassera? Deux fois j'ai vendu « ma chapelle, deux fois il me l'a renvoyée. Je la remets « encore en vente, car en temps de famine, l'argenterie de « chapelle d'un archevêque ne saurait rester oisive. »

Quand il était surpris par un pauvre la bourse vide, il lui donnait quelquefois son anneau épiscopal, en lui disant : « Si mes gens vous le redemandent, ne le leur rendez pas, « à moins de vous faire bien payer et de l'échanger avec un « manteau et quelque bon vêtement (1). »

Cependant il connaissait ces inconvénients de l'aumône prodiguée sans discernement, et craignait fort d'encourager l'oisiveté. Son antichambre était remplie de joncs, de rouets et de divers métiers. Lorsque de pauvres Mores venaient frapper à sa porte, il leur faisait dire souvent qu'il ne les recevrait que plus tard, quand ils lui rapporteraient l'ouvrage qui leur avait été confié; il leur procurait la matière et l'instrument du travail, afin que chacun eût sa tâche et pût employer utilement son temps. Les femmes devaient filer le lin et la soie, les hommes confectionner des paniers ou des nattes. L'archevêque exigeait toujours d'eux quelque léger travail, afin que l'aumône prît la forme d'un salaire noblement gagné.

Il témoignait une antipathie profonde pour la coutume orientale et musulmane de se tenir en mangeant couché ou étendu à demi sur un sopha. Cette attitude lui semblait favoriser l'indolence et la paresse. Aussi il donna aux Mores des tables et des chaises pour qu'ils apprissent à se plier aux

(1) Bermudez Pedrazza, *ibid.*, fol. 188.

habitudes européennes. Son intention était de transformer insensiblement leurs mœurs et leurs manières jusque dans les plus petits détails.

Il faisait tous les jours asseoir à sa table environ 250 personnes, étudiants, prêtres, Mores distingués, docteurs Musulmans (1). Tous les entretiens étaient tournés au profit de la foi et de la morale évangélique : ce qui n'empêcha pas, que, par la suite, on ne fît un reproche sévère à Talavera de ses relations familières avec les docteurs de l'Islamisme.

Cependant sa méthode, pour amener les infidèles à la religion, ne fut pas sans efficacité ; car il en convertit un grand nombre ; plusieurs milliers de Mores lui demandèrent successivement le baptême.

L'Archevêque de Grenade, le comte de Tendilla et Don Fernand de Zafia, soutenus par la confiance sans bornes du roi et de la reine, formaient une espèce de triumvirat chrétien dont tous les efforts concouraient au même but. Tous voulaient respecter la foi jurée et travailler à gagner les cœurs des Mores par la persuasion, sans employer aucune contrainte pour leur faire embrasser le christianisme.

Mais sept ans s'étaient déjà écoulés depuis la prise de Grenade, et on trouvait que l'œuvre de la conversion des vaincus marchait bien lentement. Le parti des impatients et des violents, qui après la mort de Torquemada, avait fait nommer Deza inquisiteur général (2), et Lucero, inquisiteur

(1) Bermudez Pedrazza, *Historia*, etc., fol. 187-188. Déjà le palais épiscopal de Talavera, quand il était évêque d'Avila, était une demeure hospitalière toujours ouverte aux hommes distingués et en particulier aux gens de lettres.

(2) Deza appartenait à l'ordre des Dominicains ; il avait été tour à tour évêque de Zamora, de Salamanque et de Palencia. Le Pape

de l'Andalousie, voulut poursuivre ses avantages. Ferdinand et Isabelle continuaient de protester qu'ils n'entendaient pas qu'un More homme, femme ou enfant, fût amené au christianisme par la force (1), mais on chercha alors à leur insinuer que sans en venir à une trop violente contrainte, on pouvait employer des moyens plus énergiques que ceux auxquels se bornait le trop doux Talavera.

Les deux monarques voulurent aller étudier sur les lieux mêmes l'état des esprits ; ils se firent accompagner par Ximénès qui était toujours confesseur de la Reine, et qui venait d'être promu à l'archevêché de Tolède : Ils l'avaient autorisé à se munir des pleins pouvoirs de l'inquisiteur général. Ferdinand et Isabelle après être allés avec lui à Grenade l'y laissèrent en le priant de s'entendre avec Talavera sur le système à suivre pour la conversion des Mores ; ils lui recommandèrent expressément de ne pas violer les engagements pris à leur égard et de les traiter avec les plus grands ménagements.

Ximénès de Cisueros, moine austère pour lui-même et aussi pour les autres, avait commencé en sa qualité de primat des Espagnes, à travailler avec ardeur à la réforme du clergé et à prendre une part considérable à l'administration des affaires publiques. Entouré de tout le prestige qui accompagne une grandeur naissante, accoutumé à voir plier sous lui les hommes et les circonstances, il s'imposa à Talavera

qui avait reçu des réclamations de l'Aragon et de la Catalogne contre ce choix royal, voulait que la juridiction de ce nouvel inquisiteur-général fût bornée à la Castille. Deza n'accepta que quand on lui eut donné cette même juridiction en Aragon et dans toute l'Espagne. Deza était confesseur du roi Ferdinand.

(2) *Memorias*, t. VI, p. 392 et 397.

avec cet ascendant irrésistible que donne le sentiment d'une
incontestable supériorité, et cet instinct secret qui avertit le
véritable homme d'état qu'il est fait pour gouverner les autres.

Ximénès, impatient de hâter la conversion des Mores, employa tour à tour à leur égard les promesses et les menaces ;
il se mit peu en peine des termes de la capitulation de Grenade, et fit bon marché des moyens pratiqués jusque-là pour
en assurer le sincère accomplissement. Le célèbre historien
Zurita, dans ses annales d'Aragon, parle du mécontente-
ment produit chez les Grenadins par ces façons altières et
impérieuses auxquelles Talavera ne les avait pas accoutumés.
Il raconte comment une fermentation sourde allait sans cesse
s'accroissant parmi eux, et dit qu'ils portèrent leurs plaintes
jusqu'aux pieds du trône : « Tous les torts, ajoute-t-il, furent
« jetés sur l'Archevêque de Tolède : on blâma son zèle désor-
« donné, car il s'écartait du chemin que les saints canons
« ont tracé pour la conversion des infidèles, procédant avec
« rigueur et âpreté contre ceux qui refusaient d'embrasser
« notre sainte foi catholique, confiant ce pieux et charitable
« office de la conversion des âmes à des ministres violents
« qui jetaient les Mores dans les prisons, et les tourmentaient
« inhumainement, jusqu'à ce que, poussés à bout, ils de-
« mandassent le baptème (1). »

(1) Zurita, lib. II, C. T., XVI Del Re.D. Hernando. t V, fol. 171,
au verso, édit. in-4°. Sarragosse, 157. Lire Zurita lui-même pour
comprendre qu'il blâmait vivement de pareils procédés. — Il serait
trop long de décrire ici les tourments que le chapelain de Ximénès,
D. Pedre de Léon, surnommé *le Lion*, fit subir à un chef more appelé El-Zegri, qui refusait avec force les arguments employés
contre l'islamisme par les missionnaires chrétiens. Jeté au fond
d'un cachot, avec les fers aux pieds et aux mains, le fier musulman
s'humilia au bout de quelques jours et demanda à se convertir.

De plus Ximénès donnait à ceux qui se convertissaient de riches vêtements de pourpre et de soie, accordait aux enfants qui se faisaient chrétiens les biens de leurs parents restés musulmans, promettait des terres dans les Alpujarres aux femmes Mores qui embrassaient le christianisme ; enfin il émancipait aux frais du trésor les esclaves arabes.

Il est certain qu'il amena par de tels moyens un nombre immense de Mores à la profession extérieure de la foi chrétienne. Quand il changea en église une mosquée de Mores et qu'il en fit la consécration solennelle, il baptisa plus de 4,000 personnes à la fois par une aspersion générale.

Ces résultats étonnèrent la candeur naïve de Talavera. Le bon prélat se sentit troublé dans les principes qui avaient jusque-là dirigé sa conduite. Il ne savait comment juger ou expliquer les succès de Ximénès ; il en fut un moment ébloui ; et, un jour, il ne put s'empêcher de lui dire : « Fer- « dinand et Isabelle n'ont conquis que des corps à Grenade, « et, vous, vous conquérez les âmes ! »

Mais des expériences nouvelles ne tardèrent pas à le confirmer dans ses doctrines premières touchant le respect profond dû à la liberté des consciences. De graves événements

Ximénès le baptisa sur-le champ, le revêtit d'une belle robe de soie pourpre, et lui fit espérer une pension de 50,000 maravédis par an. Il employa ensuite ce même El-Zegri à recueillir et à brûler tous les manuscrits arabes qui purent se trouver dans Grenade, au nombre de 80,000 (Conde dit 100,000). Plusieurs de ces manuscrits étaient enrichis de vignettes élégantes, et recouverts de reliures brodées aux fermoirs d'or incrustés de nacre et de perles fines. Voir la *Vie de Ximénès*, par Fléchier, p. 107, 108, 109 et 110. Si on lit avec attention ce passage, on verra que Fléchier n'approuve ni la corruption ni la contrainte employées pour pousser les âmes à la conversion.

vinrent lui prouver qu'il ne devait ni admirer ni approuver la mise en œuvre d'un système contraire au sien.

En effet les Mores, restés fidèles à l'islamisme, s'écrièrent qu'on violait les engagements pris par les rois catholiques dans la capitulation de Grenade, et que ce n'était plus par la voie de la persuasion, mais par celle de la corruption, qu'on voulait les pousser à embrasser la foi chrétienne. L'état des esprits était tel parmi eux qu'il ne fallait plus qu'une occasion pour les enflammer jusqu'à la révolte. Cette occasion ne tarda pas à se présenter. Voici quelle fut l'étincelle qui détermina l'incendie.

Trois serviteurs de Ximénès, connus par l'ardeur avec laquelle il secondaient le zèle de leur maître, et par cela seul devenus très-odieux aux Grenadins, vont faire quelques emplettes dans l'Albaycin, faubourg habité exclusivement par les Mores. Ils se prennent de dispute avec quelques habitants du quartier. Un rassemblement se forme et se précipite sur eux ; deux sont massacrés, le troisième échappe comme par miracle aux fureurs de la populace. Cet événement devient le signal d'une insurrection générale. Les portes de l'Albaycin sont fermées, les rues barricadées : les habitants du quartier prennent les armes, et se lèvent en masse, tout prêts à se jeter sur Grenade.

La nuit suivante, ils se portent en foule sur le quartier des chrétiens, et vont assiéger le palais qu'habitait Ximénès. Le comte de Tendilla repousse une première attaque, et parvient à décider, non sans peine, le courageux archevêque de Tolède à venir chercher dans l'Alhambra une retraite plus sûre (1). Cependant le quartier des Mores restait armé et en pleine rébellion. Talavera va parmi eux, seul et sans escorte.

(1) Ferdinand lui avait écrit une lettre dans laquelle il le blâmait sévèrement : « Votre archevêque, disait-il à la reine Isabelle,

Partout, on l'accueille comme un sauveur et un ange de paix. Ces Mores encore altérés de vengeance et tout frémissants de colère s'inclinent avec vénération sur son passage, les armes s'abaissent devant lui et les cœurs se calment à sa parole. Juifs ou musulmans, tous demandent sa bénédiction, implorent son intercession puissante auprès des rois catholiques. Talavera revient plein d'émotion et d'espérance. Tendilla, noblement jaloux de ce pacifique triomphe, va à son tour, accompagné de quelques chevaliers, dans ce redoutable quartier de l'Albaycin ; ou l'y reçoit aussi avec respect. Il exhorte les Mores à se soumettre et leur promet le pardon pour tous, excepté pour les chefs de la révolte. Comme gage de sa foi, il leur laisse en ôtage sa femme et ses enfants. Le peuple pose en effet les armes, mais quarante chefs Mores s'échappent et vont faire insurger les montagnes des Alpujarres.

Ximénès en butte aux reproches du roi Ferdinand pour sa conduite au moins imprudente, alla se justifier et se défendre lui-même avec une incroyable hardiesse contre les imputations calomnieuses dont il disait avoir été l'objet. De plus, il s'attacha à persuader aux monarques catholiques que la situation était meilleure pour eux à Grenade qu'auparavant.

« La capitulation des Grenadins est déchirée par eux-« mêmes, leur dit-il ; maintenant vous êtes libres, donnez-« leur le choix entre le baptême et l'exil. »

Ferdinand finit par se ranger à l'avis de Ximénès et alla plus loin encore que ce prélat dans l'emploi de la contrainte

« nous fait perdre en quelques heures ce que nous avons mis plu-« sieurs années à conquérir. »

Il faut lire le récit de cette guerre des Alpujarres, dans l'excellente histoire publiée, il y a quelques années, par M. Albert de Circourt.

et de la violence. Il envoya des commissaires à Grenade pour faire une enquête contre les insurgés. Les plus ardents furent arrêtés et menacés de la torture et de la mort. Ils se rachetèrent par le baptême. Leur exemple entraîna presque tout le peuple. Les uns portent à cinquante mille, les autres à soixante-dix mille le nombre des Mores qui se firent baptiser. Trois ou quatre mille seulement aimèrent mieux passer en Afrique avec ce qu'ils purent emporter d'argent et de bijoux. Il n'y eut donc plus que des chrétiens, au moins de nom, dans les vieux quartiers des Mores, ceux de la Viga et de l'Albaycin. Talavera, qui déplorait de pareilles conversions, tâcha de regagner ces cœurs profondément ulcérés et de réconcilier ces faux convertis avec la foi chrétienne qu'ils maudissaient en secret tout en la professant hautement en apparence.

Le digne archevêque de Grenade avait fait publier des livres en Arabe et en Castillan, où il avait intercalé certains passages choisis des saintes écritures, afin d'exposer aux Mores la doctrine chrétienne avec clarté et d'une manière inattaquable. Ximénès avait blâmé ces publications comme faites en vue d'une méthode trop lente à son gré pour la conversion des infidèles. On alla ensuite jusqu'à reprocher à Talavera ces traductions, même partielles de la Bible, comme tendant *à livrer les inspirations du Saint-Esprit à la dérision des infidèles. — C'était*, disait-on, *une témérité voisine du crime.*

Toutes ces prétendues fautes étaient soigneusement notées par les membres du saint office, ennemis de Talavera. Deza, et surtout son trop zélé lieutenant, Lucero, l'inquisiteur de Cordoue, n'attendaient qu'un moment favorable pour attaquer le pieux et vénérable prélat, qui semblait être une protestation vivante contre leur système d'implacables rigueurs.

§ II.

Après les émeutes contre Ximénès et les conversions en masse qui les suivirent, les rois catholiques étendirent jusqu'à Grenade la juridiction des inquisiteurs de Cordoue. Comme tous les Mores de la cité conquise étaient censés devenus chrétiens, l'article de la capitulation, qui leur avait garanti la liberté de religion, semblait être devenu sans objet.

Talavera se montra défavorable à cette mesure qui changeait complètement les conditions dans lesquelles il s'était chargé d'évangéliser les Grenadins. Cette opposition ne devait pas lui être pardonnée.

Cependant, tant qu'Isabelle vécut, l'affection filiale qu'elle lui avait vouée, lui servit d'égide. Mais dès que cette princesse eut quitté la vie, le complot ténébreux que l'on ourdissait depuis si longtemps contre le saint archevêque, ne tarda pas d'éclater.

C'est vers la fin de l'année 1504 que l'Espagne perdit Isabelle (1), cette noble reine qui avait montré autant d'habileté dans l'administration intérieure de ses États que dans la conduite de la guerre de Grenade.

L'année 1505 n'était pas terminée, et le monde chrétien apprenait avec étonnement que Talavera considéré comme

(1) On l'appelait la mère des camps, *mater castrorum*. C'est elle qui releva le courage de Ferdinand au moment où il s'apprêtait à lever le siége de Grenade. La prise de cette ville fut due à ses sages et intrépides conseils. Elle mourut e 26 novembre 1504.

une des gloires de l'Église, était accusé d'hérésie et de judaïsme par l'Inquisition. Lucero commença par faire mettre
brutalement en prison le doyen du chapitre de l'Église
métropolitaine de Grenade, D. François Herrera, dont tout
le crime était d'être neveu de l'archevêque. Il fit ensuite arrêter deux cousines et une sœur de Talavera, ainsi que quelques-uns de ses serviteurs. Les alguazils de l'Inquisition,
comme pour braver le scandale, opérèrent ces arrestations en
plein jour, en y joignant les procédés et les traitements les
plus grossiers à l'égard de ces femmes âgées et respecta-
bles (1). On employa ensuite contre les divers prisonniers
toute sorte d'artifices, de menaces et de tourments pour leur
arracher des dépositions contre Talavera (2). On ne put
leur extorquer aucun témoignage accusateur. Cependant
Lucero voulait porter la main sur le prélat lui-même, et le
jeter dans les prisons secrètes; mais on l'arrêta en lui
montrant un bref du Souverain Pontife qui était adressé à
tous les prélats d'Espagne et décidait qu'aucun évêque ne
pourrait être pris et mis en jugement que par l'ordre et avec
l'autorisation du Saint-Siége. Mais le grand Inquisiteur sol-
licita cet ordre et cette autorisation.

Talavera, dit un chroniqueur déjà « cité, avait eu tant de
« chagrin de la mort de la reine qu'il en avait perdu le som-
« meil, grave infirmité pour un vieillard de 80 ans; mais la
« fausse accusation de ses ennemis lui porta un coup plus
« rude encore, car par là on le blessait à la fois dans le

(1) La sœur de Talavera et ses deux cousines faisaient le caté-
chisme aux femmes moresques et leur apprenaient l'Histoire sainte.
On les accusa de leur avoir enseigné, non pas la religion catholique, mais le judaïsme.

(2) *Memorias de la Acodemia de la Historia*, t. VI, p. 483.

« sanctuaire de sa religion et le vif de son honneur (1), » puis
il ajoute : « les ennemis de l'archevêque qui n'auraient
« pas osé le regarder en face du vivant de la reine lui
« lancèrent, quand elle mourut, le venin amassé dans
« leur cœurs. Quant à lui, dès qu'il apprit l'arrestation
« des siens et le danger dont il était lui-même l'objet, il prit
« le Christ dans ses mains et se jetant à genoux sur le sol, il
« fit cette prière : Soyez béni à jamais, Seigneur, et que toutes
« les créatures vous louent par ma bouche ; je vois mainte-
« nant clairement que vous m'aimez, et je reconnais que
« vous voulez me faire participer à vos mérites, puisque je
« suis noirci par une fausse et infamante accusation.

« Et comme autour de lui, ses serviteurs pleuraient et
« sanglotaient en lui baisant la main et en s'écriant que
« tant de sainteté aurait dù s'écarter de sa tête blanchie
« jusqu'au soupçon du crime.

« Ah ! Mes Frères, reprit-il, ne m'appelez pas un saint !
« car pour l'être, il faudrait souffrir avec joie toutes les dou-
« leurs et toutes les persécutions ! Et cependant supporter
« le froid, la faim, la pauvreté, la perte de tous les biens,
« la mort même de ses parents, ce sont des choses naturelles
« et usitées dans le monde. De tels maux ne sont pas de vé-
« ritables persécutions. Mais être déshonoré et tenu pour
« hérétique, quand on est catholique jusqu'au fond de l'âme,
« oh ! sans nul doute voilà une persécution véritable !...
Puisse le Seigneur proportionner mon absence à la gran-
« deur de mes épreuves !... Une seule chose m'inquiète en-
« core cruellement : c'est que la foi des nouveaux convertis,
« qui n'est pas encore bien enracinée dans leurs cœurs, ne

(1) *En lo sagrado de la religion y en lo vivo de l'honor, Historia ecclesiastica* de Granata. par Bermudez de Petrazza, cap. I,
p. 173 et suivantes.

« coure quelque risque en entendant dire de semblables
« choses de leur prédicateur et de leur maitre, et qu'en dou-
« tant de la vérité de ma doctrine, ils ne viennent à douter
« de la religion elle-même.

« Et en entendant redoubler alors les gémissements et les
« sanglots de ses serviteurs, il s'attendrit lui-même, ses
« larmes coulèrent, et se sentant tout troublé, il reporta les
« yeux sur le crucifix, et s'écria : Comment se fait-il, Sei-
« gneur, qu'en voyant mon Dieu et mon Rédempteur Jésus-
« Christ mis en croix pour nous, sans l'ombre d'une faute
« j'éprouve quelque trouble de ce qu'ont dit de moi tels ou
« tels de mes accusateurs, quand on pense à tout ce qui a été
« dit de celui qui fut sans péché et sur la bouche de qui on
« ne trouva aucun mensonge.

« Puis il se retira seul dans un autre appartement, pour
« ne pas exciter davantage la sensibilité de ses serviteurs(1). »

Après avoir reproduit fidèlement, dans le récit du vieux
chroniqueur de Grenade, l'admirable scène qui se passait
dans l'intérieur du palais archiépiscopal de cette ville, con-
sultons la correspondance d'un conseiller de Castille et des
Indes, Pierre martyr d'Angleria (2), pour voir quelle fut
l'impression produite en Espagne par la mise en accusation
du vénérable et illustre archevêque.

Pierre Martyr demande des renseignements sur ce qui se
passe à Grenade au comte de Tendilla, son ami, et celui de
Talavera : Tendilla était toujours gouverneur.

« J'ai appris qu'il y avait à Cordoue un juge assesseur de

____

(1) Bermudez Pedrazza, *Historia ecclesiast.*, pars quarta, p. 203.
(2) Pierre Martyr n'était pas seulement un écrivain élégant,
c'était un homme politique très-estimé de son temps et dont la foi
catholique n'a jamais été suspectée.

« la sainte inquisition ; on le dit cruel et irascible par na-
« ture, très-hostile aux néophytes et très-acharné contre tout
« ce qui est de race juive. — Juge en vérité bien trouvé
« pour effacer toute tache de notre Église ! Mais qu'entends-
« je, illustre comte, le bruit court qu'une accusation d'hé-
« résie est intentée contre notre archevêque, la moitié de
« vous-même, le plus saint des hommes ; on dit qu'on a violé
« sa demeure pour prendre dans sa famille des témoins qui
« pussent le perdre, en les soumettant à de captieux interro-
« gatoires et même à des tourments de toute espèce. Je ne
« sais plus où j'en suis. Je ne croyais pas qu'on pût trouver
« trouver un prélat plus irréprochable. Mais comment inven-
« terait-on de telles calomnies ? Vous, noble comte, qui par
« le long commerce que vous avez eu avec l'archevêque de
« Grenade, le connaissez aussi bien en dedans qu'en de-
« hors (1), vous pouvez mieux que personne m'éclairer sur
« tout cela : je vous supplie de me dire ce que vous en
« pensez (2). »

On n'a pas conservé la réponse que fit le comte de Tendilla
à cette lettre, qui décèle un homme d'esprit et de cœur : mais
certainement le noble gouverneur dut le rassurer pleinement
sur la parfaite innocence de leur ami commun.

L'un et l'autre s'empressèrent de faire des démarches, soit
auprès du Pape, soit auprès du conseil suprême de l'inquisition, pour faire cesser cette persécution inouïe.

Cependant quelques-uns des amis de Talavera lui écrivirent
qu'il ferait bien d'aller trouver le roi pour se justifier lui-
même et confondre ses accusateurs. Il répondit que certaine-

(1) *Intus et in cute.*
(2) *Epistolæ Petri Martyris d'Angleria*, édit. Elzevir de 1670,
p. 167, Epist. 342.

nement il ne quitterait pas ses ouailles au moment même où
sa présence leur était le plus nécessaire. — « Si la désertion
« de mon poste, ajoutait-il, est le but que s'est proposé le
« perfide ennemi des âmes, je surai déjouer ses trames infer-
« nales. » On lui représentait que c'était un devoir de ne pas
« compromettre la cause de la justice en négligeant le soin
« de sa défense, et il répondait alors : « Je ferai strictement
« ce que je dois pour cela, et Dieu ne m'abandonnera
« pas (1). »

Un de ses plus vifs regrets était de voir passer aux frais de
son procès une grande partie de l'argent qu'il donnait aux
pauvres, et il déplorait cette nécessité plus que l'accusation
même dont il était l'objet.

Il ne pouvait pas supporter la pensée que par haine contre
lui, on persécutât, plus cruellement que lui-même, des personnes de sa famille et de sa maison : il écrivait à un pieux
moine de Saint-Jérôme, son ami : « J'avais demandé à être
« seul jeté à la mer, car c'est à cause de moi que s'est élevée
« la tempête. J'avais supplié que le glaive sévît contre moi
« seul, et non contre ces pauvres brebis, qui ne m'avaient
« point fait de mal : et il terminait ainsi, laissant de côté
« tous ses titres ecclésiastiques : - - « Votre ami de Grenade,
« non encore rassassié d'outrages, et devenu un objet d'op-
« probre pour les puissants et de mépris pour les superbes.
            « Fernand de TALAVERA (2). »

(1) Bermudez Pedrazza, *Historia ecclesiastica,* p. 204 et suivantes.

(2) « *Nondùm saturatus opprobriis quamvis opprobrium factus*
« *abundantibus et despectio superbis.*
            « *Vester Granatensis,*
                « Fernando de TALAVERA. »
                (*Historia, ibid.* p. 204.)

Plus les juges de Cordoue montraient d'acrimonie dans leurs poursuites, plus l'archevêque de Grenade mettait de douceur et de modération dans sa défense. « Vous finirez par « perdre, lui disait-on, votre réputation et votre crédit. » — « Il ne faut pas, répondait-il, diminuer d'un atome la gràce « de Dieu pour courir après l'estime des hommes (1). »

Cependant les démarches des amis de Talavera ne restèrent pas sans effet. Deza fut lui-même un peu effrayé de la témérité avec laquelle l'Inquisiteur Lucero avait hasardé une pareille accusation, et commencé des informations contre un archevêque, sans en avoir référé préalablement au Saint-Siége et au conseil supérieur de l'Inquisition. Alors, afin de décharger sa responsabilité au sujet de cette affaire, il délégua Ximénès, pour examiner les procédures déjà faites et les continuer s'il y avait lieu. Ximénès ne voulut pas user de cette commission extraordinaire sans en avertir le Pape, et, en même temps, il rendit un excellent témoignage à la foi sincère et fervente de Talavera (2). L'autorité imposante du grand archevêque de Tolède donna une impulsion désormais favorable à ce procès commencé avec tant de violence et de partialité.

Après avoir pris connaissance du rapport de Ximénès, le pape Jules II, revendiquant le droit réservé au Saint-Siége de juger les évêques et les archevêques, écrivit à son nonce Jean Rufo, évêque de Bristol, pour qu'il examinât les procédures commencées contre Talavera, et qu'il les examinât avec soin.

(1) Bermudez, *H. Eccl.*, ibid., p. 204.

(2) *Histoire des Mores Mudejarres*, par le comte Albert de Circourt, t. II, p. 79. Paris, Dentu, 1845.

Cette histoire, qui mériterait d'être plus connue, est pleine d'exactitude et d'intérêt.

Dans l'intervalle, il consulta sur cette affaire Fr. Pascal de la
Fuente, dominicain et évêque de Burgos : ce religieux écrivit
au pape la lettre suivante, qui nous a été conservée. On y
verra combien son langage est net et décisif en faveur de Talavera.

« Très-Saint Père,

« Je connais l'Archevêque de Grenade ; je le regarde
« comme un homme de bon cœur et un pieux chrétien, et je
« tiens pour fausse l'accusation dont il est l'objet. Les inqui-
« siteurs ne peuvent ni ne doivent recevoir une accusation
« contre un Archevêque, si elle n'est pas clairement prouvée
« par un grand nombre de témoins irréprochables, comme le
« veulent les conciles et les saints canons. Il faut encore que
« les témoins aient été admis dans le commerce et la fré-
« quentation du prélat inculpé, de manière que l'on puisse
« présumer en toute vraisemblance qu'ils aient eu connais-
« sance de ses actes et de ses paroles, et qu'ils ont pu avoir
« communication de ses pensées les plus intimes. Et s'il en
« est ainsi, très-saint Père, comment pourra-t-on admettre la
« justice des poursuites faites contre Talavera? comment
« pourra-t-on croire qu'un homme qui a fait tant d'œuvres
« saintes, ait commis en présence de pareils hommes d'aussi
« mauvaises actions, et se soit fié à des témoins aussi vils que
« ceux qui ont déposé contre lui, au point de leur donner en
« spectacle de mauvais exemples, si contraires aux œuvres
« qu'il pratiquait constamment, et à la doctrine qu'il ensei-
« gnait en public. »

Ces considérations parurent si fortes au Pape Jules II, qu'il
transmit à son nonce Ruffo la lettre de l'évêque de Burgos,
en lui ordonnant de lui envoyer les pièces du procès de Tala-

vera, après avoir vérifié si, comme le soutenait Pascal de la Fuente, les dépositions accusatrices des témoins ne méritaient aucune créance. Le nonce, auprès de qui Talavera s'était fait représenter par un chanoine de son chapitre, appelé Gonsalès Cabeças, constata que tous les témoins à charge dans ce procès étaient des hommes appartenant à la classe la plus infime de la société, et qui n'avaient pu avoir aucunes relations avec l'Archevêque ; puis il expédia les procédures à Rome, et l'affaire fut soumise à un commission composée de Cardinaux et d'Evêques.

D'un autre côté, aussitôt après l'arrestation de ses parents et de ses serviteurs, Talavera avait envoyé au roi Ferdinand un mémoire détaillé sur le procès dont il était l'objet.

Ce mémoire nous est connu par un rapport que présenta au roi, un peu plus tard, l'un de ses secrétaires d'Etat, Michel Perez de Almazan. Quelques passages de ce rapport nous paraissent dignes d'être cités.

« L'Archevêque de Grenade dit qu'il ne sait pas à qui se
« confier, ni à qui faire part de ses angoisses, pour qu'on y
« compatisse, qu'on le conseille et qu'on l'aide, sinon à une
« seule personne, Votre Altesse, à qui appartient naturelle-
« ment la connaissance de ces sortes d'affaires.

« L'Archevêque pense que pour une affaire aussi majeure
« et de si grand poids, Votre Altesse elle-même devrait venir
« examiner en personne combien toutes ces choses peuvent
« intéresser le service de notre Seigneur, la cause de la foi
« catholique, et les progrès qu'elle est appelée à faire parmi
« les infidèles. Que si elle ne peut pas le faire en personne,
« elle ait soin de désigner sur le champ un ou plusieurs pré-
« lats qui soient chargés de vérifier les informations d'après
« lesquelles les arrestations ont été faites.

« Que si, comme on l'a dit, Votre Altesse jette les yeux sur

« l'Archevêque de Séville pour remplir cette mission, qu'elle
« veuille bien lui adjoindre quelque autre Evêque comme
« celui d'Avila, de Palencia ou de Badajoz, et qu'ils se fassent
« accompagner d'employés ayant des idées saines et des in-
« tentions pures, afin que, par leur moyen on procède en
« tout d'une manière conforme au droit ; qu'on s'informe de
« la réputation des accusés en général et en particulier ; et si
« les informations fournissent contre ceux-ci des indices
« suffisants, qu'on les garde eu prison, suivant les règles
« du droit, jusqu'à ce que la vérité soit éclaircie ; mais que
« ce ne soit pas une prison étroite et dure, comme celle où
« on les retient. Puisque l'on sait bien qu'ils ne tenteront
« pas une évasion, qu'on les traite doucement en action et en
« paroles, en leur donnant des avocats à leur volonté. On
« doit faire connaitre le nom des témoins à tous les accusés,
« excepté aux grands et aux puissants (1), parce que le droit
« le veut ainsi. On doit aussi leur faire connaitre le jour, le
« mois et l'année, ainsi que le lieu précis où auraient été
« accomplis les actes incriminés, leur donner toute facilité
« de récuser leurs juges pour de justes causes, enfin donner
« au prévenu tous ses moyens de défense, parce que la dé-
« fense est de droit divin et humaine. . . . .
 « L'Archevêque fait savoir que rien de tout ce qu'il a

-----

(1) L'exception à la règle générale de la communication des
noms des témoins à l'accusé avait été faite pour les puissants dont
la vengeance était le plus à redouter contre ceux qui déposaient à
charge. C'était du privilége à rebours ; Ranke, écrivain protestant,
dit que c'était un moyen de protéger les témoins, hommes du
peuple contre le ressentiment des accusés puissants par leur rang
ou leur richesse.

Ranke, *fürster and Volker*, c. I, p. 241.

« réclamé dans les termes du droit n'a été concédé par les
« inquisiteurs dans leur manière de procéder. Il supplie
« Votre Altesse d'ordonner sérieusement que les faits soient
« vérifiés et qu'elle ne donne pas lieu à ceux qui sont accusés
« de dire ainsi que le public tout entier qu'ils sont jugés
« avec injustice (1). »

On peut conclure de la lecture de ce rapport, que, dans
son mémoire, Talavera, abordait franchement toutes les
questions ; il faisait connaître les circonstances injurieuses
pour lui-même et scandaleuses pour la religion, dans lesquelles s'était accomplie l'arrestation de ses parents. Mais il
ne réclamait ni grâce ni faveur : il ne demandait que justice.
Comme il le dit, avec une noble hardiesse, le premier devoir
du Roi aurait été de prendre par lui-même connaissance des
faits. Du reste il déclare qu'il serait satisfait, si l'Inquisition
observait dans son procès les règles du droit commun.

Il paraît que Ferdinand refusa d'intervenir dans cette
affaire, et même qu'il écrivit à Talavera deux lettres sèches et
impérieuses, qui au lieu de consoler l'infortuné et vertueux
prélat, ne firent que le froisser plus encore, et qu'irriter
plus cruellement ses blessures. L'Archevêque de Grenade n'y
répondit pas, il pensa qu'il y aurait plus de dignité dans le
silence ; mais comme il ignora pendant quelque temps à qui
avait été envoyée la commission du pape pour continuer
l'enquête commencée contre lui par l'inquisition, il crut
devoir s'en informer auprès du roi lui-même. En même
temps on verra qu'il lui parle non-seulement avec courage,
mais avec sévérité, comme un apôtre qui a droit de juger et
de reprendre les monarques eux-mêmes au point de vue de
la morale évangélique.

(1) Le texte de ce rapport, en espagnol, a été trouvé aux
Archives de l'Inquisition.

« Lettre de F. Fernand de Talavera, Archevêque de Gre-
« nade au Roi catholique Ferdinand.

« Au très-haut et très-catholique prince, et, pour cela
« très-puissant Roi d'Aragon, mon seigneur :

« Il n'y a pas très-longtemps que j'ai écrit à Votre Altesse
« par le frère Domingo de Mendoza (1) de l'ordre de Saint-
« Dominique.

« J'ai reçu d'Elle depuis lors deux lettres où elle me re-
« commande d'être attentif à son service. Je n'ai pas répondu
« parce que je n'en étais pas requis. Je désire maintenant que
« mon Sauveur vous chérisse et vous aime, comme je vous
« aime, vous chéris, et suis plein de sollicitude pour vous. Je
« ne sais comment cette affection est placée si avant dans mon
« cœur que ni les vents ni les orages récents ne puissent
« l'atteindre, orages provoqués et excités contre moi et contre
« tant d'autres personnes, à la faveur de la négligence de
« mon roi, mon seigneur et mon fils, le roi D. Ferdinand ; je
« dis la négligence, parce que je ne pourrais pas me per-
« suader que ce fût *par malice* qu'il pût faire quelque chose
« contre tout étranger et à plus forte raison contre moi-
« même, quand même quiconque ouvrant la bouche dirait le
« contraire (2). Mais j'aimerais mieux être ignorant de tout ce
« qui se passe et être tenu pour tel que de croire à la réalité
« d'un bruit qui vous imputerait de pareilles choses. Il est
« vrai que la négligence a été si coupable que l'on serait
« tenté de l'attribuer à une grande passion, si ce n'est à une
« grande malice. Je ne sais pas quelle satisfaction votre
« Altesse croira devoir par la suite à Dieu qui a été et qui est

(1) C'était probablement la lettre d'envoi du Mémoire dont il a
été question plus haut.

(2) *Aunque Cuantos aprea boca dicem lo contrario.*

« encore si offensé de tout cela, et aussi envers votre peuple,
« qui est tout entier scandalisé jusqu'au dernier de vos sujets,
« depuis les amis jusqu'aux ennemis; tout entier, sauf ceux
« qui ont contribué à cette affaire. Le peuple, dis-je, est
« tellement scandalisé qu'il faudra que V. A. fasse des mira-
« cles pour s'en faire aimer et chérir comme auparavant,
« comme en ma conscience j'estime qu'on doit l'aimer et le
« chérir, et comme, me donnât-il la mort, je l'aime et le
« chéris au fond de mon âme. O mon roi et mon seigneur,
« Dieu veuille vous pardonner, vous qui avez consenti à flétrir
« d'une telle souillure votre glorieuse réputation et votre
« illustre personne. O aveuglement d'un roi, victime de la
« perfidie et de la malice d'un mauvais *entourage* (et par là
« j'entends les méchants serviteurs et la compagnie des
« pervers). O infortuné, ainsi tombé sous le coup des repro-
« ches des gens de bien, pour s'en être rapporté et s'être
« confié à qui il n'aurait pas dû, pour ne pas s'être donné la
« peine de voir et d'examiner tout ce qui a un peu d'impor-
« tance, et, à plus forte raison, ce qui en a une si grande !

« On dit autour de moi que le seul moyen de réparer le
« mal, c'est de supplier votre Altesse de commettre pour
« diriger l'information le très-Révérend Archevêque de
« Tolède : alors le peuple s'apaiserait et se calmerait, car il
« tiendrait ce choix pour bon et sage. Remédiez donc à ce
« mal, très-sérénissime Seigneur, remédiez-y de la manière
« la plus convenable et la plus propre à justifier votre cons-
« cience ici-bas et dans l'autre vie. Ne comptez pas avec
« assurance sur la prospérité, mais craignez davantage alors
« qu'elle va s'accroissant toujours, car la prospérité est plus
« redoutable que l'adversité. Ne vous réjouissez pas de ce qu'on
« vous a reçu ici ou là avec tant de marques d'affection, tant
« de pompe, de si grandes protestations de dévouement.

« Comprenez plutôt que ce royaume prend feu et sera bientôt
« embrasé, ce royaume auquel vous devez plus d'amour et de
« zèle qu'à tout autre, pour plusieurs raisons inutiles à dire
« à qui les connaît si bien. O combien vous êtes tenu, soit
« présent, soit absent d'y porter remède par tous les moyens
« possibles ! J'aurais beaucoup à vous dire, encore, si je ne
« craignais pas de vous irriter comme dans des jours plus
« heureux où je ne vous irritais pas et où je ne vous crai-
« gnais pas.... Et encore aujourd'hui ne craindrais-je pas de
« parler, si je savais, comme j'en étais sûr alors, que cela pût
« vous être utile ! Mais assez sur ce point, j'en viens à ce qui
« me concerne.

« J'ai appris de votre ambassadeur, le commandeur Bojas
« que le 13 juin dernier (1506) fut envoyé à V. A. la commis-
« sion du Pape pour informer contre moi. Je la supplie de
« vouloir bien m'apprendre ce qu'elle en a fait : car l'arche-
« vêque de Séville dit qu'il ne l'a pas, et qu'il ne peut pas
« savoir qui l'a, comme il voudrait aussi qu'on lui dît si
« depuis qu'il est à Séville, il a été requis de procéder contre
« moi (1). Pour moi, il m'importe de le savoir, pour mettre à

______

(1) Il paraît que cette commission envoyée de Rome à l'archevêque de Tolède et non à celui de Séville n'était pas parvenue sur
le champ à l'adresse de Ximénès, par suite de la négligence de la
chancellerie. Probablement Ximénès l'avait déjà reçue et avait
expédié sa réponse au Pape à l'époque où Talavera écrivait cette
lettre. Le texte espagnol que nous avons traduit aussi exactement
que possible, se trouve reproduit dans les *Memorias de la Academia de la historia*, tome VI, p. 486 et suivantes. Dans l'intervalle
avait eu lieu le règne si court de Philippe I", mari de Jeanne la
Folle à qui Ferdinand avait cédé la couronne de Castille au mois
de janvier 1506. Philippe avait destitué Deza et Lucero : quand

« couvert mon innocence, et pour aller au-devant du loup
« comme mon sauveur alla au-devant de ses ennemis qui
« venaient pour l'arrêter. J'ai pour premier témoin à dé-
« charge, pour premier *compurgateur*, quoi qu'on en puisse
« dire, votre royale personne elle-même. — Que l'on dise de
« vous dans le ciel ce que je désire qu'on en dise, et même
« encore sur la terre, car les princes ont besoin d'une bonne
« réputation dans ce monde pour obtenir la gloire de l'éter-
« nité dans l'autre. — «.*Ad quam nos perducat etc.* » Grenade, 23 janvier 4507.)

Certes, cette lettre n'est pas d'un homme faible et pros-
terné, d'un coupable qui implore grâce et merci. C'est bien
plutôt le langage d'un grand Évêque, reprenant avec un
accent respectueux, mais sévère, un roi qui s'égare dans une
voie périlleuse pour son honneur. Cet étrange accusé est
bien plus inquiet des scandales donnés par l'Inquisition aux
infidèles comme aux chrétiens, des destinées malheureuses
que prépare au royaume de Grenade et à l'Espagne un tel
système d'arbitraire et de terreur, qu'il n'est préoccupé de
son propre sort et du danger qui le menace personnellement.
A cet égard, il ne demande à Ferdinand qu'un simple ren-
seignement qu'il est en droit d'exiger, et il le fait presque
comme s'il s'agissait d'un autre que de lui-même. Les vœux

il fut mort, et que Ferdinand eut repris possession de la couronne
Deza redevint grand Inquisiteur, réintégra Lucero dans ses fonctions et recommença les procédures annulées ou suspendues. Au
milieu de ces révolutions judiciaires de l'Inquisition et de ces
changements de règne, on ne savait pas ce qu'était devenue la commission donnée à un archevêque, que l'on croyait faussement être
celui de Séville, pour faire des informations contre Talavera ;
celui-ci s'adressa au roi lui-même pour éclaircir ce fait.

qu'il exprime en finissant sa lettre portent l'empreinte d'une liberté chrétienne et éminemment apostolique. On sent que cette noble tête d'Evêque et de vieillard, qui n'a pas plié devant les Deza et les Lucero, se redresse encore haute et fière, même devant le roi.

La commission de Cardinaux et d'Evêques instituée à Rome pour juger Talavera, l'acquitta solennellement le 14 mai 1507. Ce jugement qui vengeait l'honneur de ses cheveux blancs, fut accueilli avec une joie enthousiaste par les amis du saint Archevêque et par l'Espagne tout entière.

Pierre Martyr d'Angleria n'était que l'un des échos de ce sentiment public, quand il félicitait Talavera sur l'heureuse issue de son procès.

« J'apprends avec la plus vive allégresse, lui disait-il,
« qu'on a enfin mis en liberté votre neveu le Doyen, vos
« cousines, votre excellente sœur, et les gens de votre mai-
« son tous innocents, que Lucero, ou plutôt Tenebrero, le
« cœur plein d'un venin mortel, avait jetés dans de noirs
« cachots sous prétexte de religion. Tenebrero avait osé vous
« accuser vous même d'hérésie, c'est une idée que je ne
« puis pas supporter. Je n'ai jamais vu ni lu nulle part que
« personne ait eu jamais une si coupable audace. Comment
« a-t-on osé présenter comme un adversaire de notre sainte
« loi celui-là même qui consacre sa vie à professer cette loi
« par sa doctrine et par ses œuvres ? O crime ! O scandale !
« Cet atroce Cerbère a puisé tant de poison dans les cavernes
« de l'enfer, et il l'a distillé avec tant de perfidie qu'il a
« failli en infecter le Pape lui-même et tout le sacré col-
« lége (1). »

Si les amis de Talavera ne trouvaient pas d'expressions

(1) Petr. Martyr. Angleria, lib. XX, Epist. 342, p. 390.

assez fortes pour rendre leur indignation contre Lucero, il n'en était pas de même du saint Archevêque. Pendant cette longue année d'angoisses où le glaive de l'Inquisition fut suspendu sur sa tête, jamais on ne vit ni l'expression de la colère dans ses yeux, ni les plis d'un sombre chagrin sur son visage. Sa paix extérieure était telle qu'on aurait dit que pas un orage n'avait troublé le cours de sa vie. Quand ses amis flétrissaient avec violence les poursuites dont il était l'objet, il changeait de visage et parlait d'autre chose. Si l'on disait du mal de ses persécuteurs, il témoignait que cela lui faisait de la peine : même il les excusait du mieux qu'il pouvait en renvoyant à Dieu seul leur jugement et celui de sa cause. Dieu en effet daigna récompenser sa patience en lui faisant voir le châtiment de ses ennemis qu'il n'avait pas demandé et en vengeant l'honneur de ses cheveux blancs avant de le laisser descendre dans la tombe (1).

Suivant le même annaliste de Grenade à qui nous empruntons ces détails, très-peu de temps après avoir reçu la nouvelle de la justice éclatante qui lui avait été rendue à Rome, Talavera était allé à la procession, le jour de l'Ascension, la tête découverte : l'impression alternative de l'ombre encore humide des rues et des rayons d'un soleil brûlant lui donna une maladie mortelle. « Le lendemain matin, ven- « dredi, il reçut le viatique avec une grande ferveur. Il fit une « sublime profession de foi et une confession touchante de « ses fautes. Il exhorta les membres de son chapitre et de « son clergé à la charité et à l'amour de Dieu. Son intention, « leur dit-il, avait été de fonder à Grenade une Eglise sur le « modèle de l'Eglise primitive, et depuis seize ans, tous ses

(1) *Histor. ecclesiast. de Granata* de Bermudez Pedrazza, fol. 204.

« efforts et ses travaux n'avaient pas eu d'autre but ; il espé-
« rait que son œuvre ne resterait pas inachevée (1). Quelques
« heures après, il mourut âgé d'environ quatre-vingt-un
« ans. »

Jamais évêque ne fut pleuré avec plus d'unanimité dans
son diocèse que Fernand de Talavera : les Mores le regret-
taient autant que les chrétiens eux-mêmes. La vénération
publique le suivit au-delà du cercueil et voua un culte pieux
à sa mémoire (2). Le fait est que nul prélat de son temps
n'eut au plus haut degré la soif du salut des âmes ; sa charité était ingénieuse autant qu'ardente ; sa parole, qui semblait inspirée n'était pas faite pour éblouir les esprits, mais
elle avait le don de toucher tous les cœurs. En un mot, on
peut dire qu'il vécut comme un apôtre, et qu'il mourut
comme un saint.

Il est extraordinaire pour des chrétiens de nos jours d'entendre dire qu'un prélat, non-seulement d'une régularité
exemplaire, mais d'une admirable piété, ait pu être sérieusement accusé de judaïsme et d'hérésie par un tribunal soi-
disant religieux, que nous avons cru devoir accumuler pour
établir un fait aussi incroyable les preuves les plus authen-
tiques et les plus multipliées. Il nous a fallu aussi mettre nos

(1) *Histor. ecclesiast. de Granata* de Bermudez Pedrazza,
fol. 204.

(2) *Id. ibid.*, fol. 206. — On a reproché à Talavera de n'avoir
pas compris Christophe Colomb, de s'être opposé à ses entreprises
aventureuses, et d'avoir même accusé les hardies hypothèses de cet
homme de génie d'impliquer des idées contraires à une rigoureuse
orthodoxie. Cette erreur de jugement, Talavera la partagea avec
beaucoup d'hommes distingués de son temps. Mais ne montrait-il
pas, par ces scrupules exagérés, combien il était exigeant lui-
même en matière de foi ?

lecteurs en état de juger par eux-mêmes des causes de l'an
mosité homicide qui poursuivait ce grand et saint archevêqu
déjà courbé sur le bord du tombeau par le poids des anné
et par les fatigues d'un laborieux apostolat. Ces causes s'ex
pliquent tout naturellement par la narration circonstancie
des détails de ce scandaleux procès. Talavera avait arboré
Grenade le drapeau de la charité évangélique. On l'avait en
tendu proclamer hautement que la persuasion devait êt
l'unique moyen de conversion des infidèles (1). Il était enfi
la personnification la plus éclatante du système de tóleranc
et de liberté religieuse : on avait voulu frapper le système e
frappant la personne.

(1) Ce qu'il y a de singulier, c'est que cette doctrine était cell
de Torquemada, dont on a voulu faire le type des persécuteurs. Mai
son successeur. Deza, était d'un avis contraire et soutenait qu'
l'égard des Musulmans la contrainte qui avait établi leur religio
était nécessaire pour la leur faire quitter.

ORLÉANS. — IMP. ERNEST COLAS.

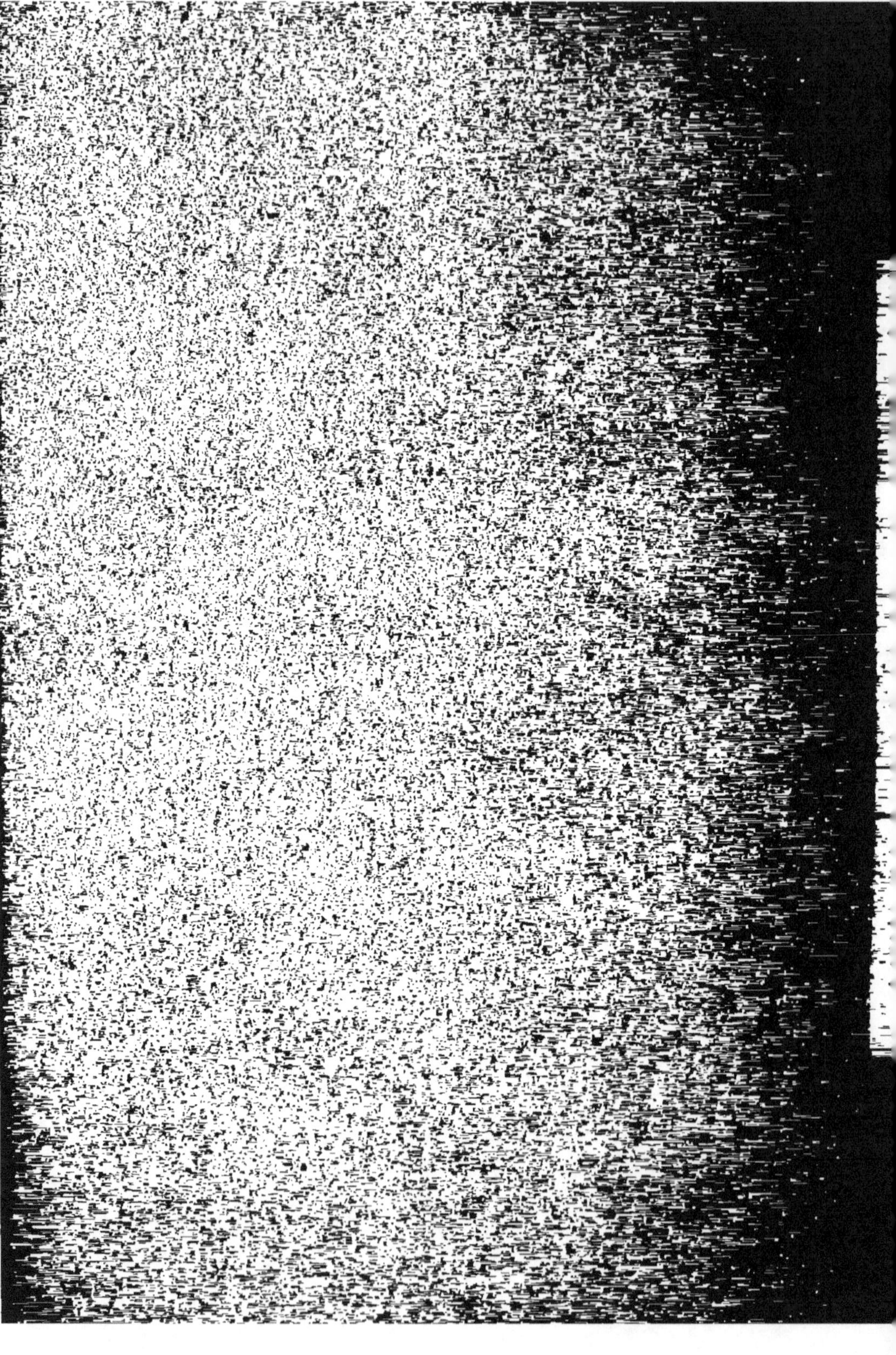